Designed by Alfred Herler

Edles Notizbuch
Sternzeichen
Fische

Liniertes Notizbuch mit 150 Seiten in edlem Sternzeichen-Design zum niederschreiben Deiner täglichen Notizen, persönlichen Gedanken und Ideen

Band 12 aus der Reihe

Edles Sternzeichen Notizbuch: liniert

Für Fragen und Anregungen:
office@herler.com

ⓦ herler.com   ⓕ herler.books   ⓘ herler.books   ⓟ herler_books

ISBN Softcover: 978-3-347-51999-2
ISBN Hardcover: 978-3-347-51761-5

Originalausgabe
Erste Auflage 2022
© 2022 by Alfred Herler Selbstverlag - Herler Books™

Projektleitung: Alfred Herler
Manuskriptbearbeitung: Alfred Herler
Umschlaggestaltung: Alfred Herler, www.herler.com
Satz und Layout: Alfred Herler

Abonnieren Sie unseren Newsletter unter www.herler.com

Druck und Distribution im Auftrag des Autors:
tredition GmbH, Halenreie 40-44, 22359 Hamburg, Germany

Dieses Notizbuch gehört

_____

NAME

_____

E-MAIL

_____

TELEFON

Meine Nachricht an den Finder

_____

_____

_____

_____

Fische

18./19./20. Feb. - 20./21. Mar.

Fische-Geborene gelten gemeinhin als sehr sensible, einfühlsame, fantasiebegabte und philanthropische Menschen, die sich leider sehr schnell von den negativen Dingen dieser Welt beeinflussen lassen und darauf sehr stark mit Schmerz und Verzweiflung reagieren. Sie nehmen Anteil an der Not anderer Menschen und helfen lieber diesen, anstatt sich selbst zu helfen oder sich selbst etwas zu gönnen. Fische sind sehr ruhige und in sich gekehrte Wesen, die in ihrem Leben eine gewisse Konstanz brauchen, um nicht immer wieder unterzugehen. Sie versuchen, jedem Streit aus dem Weg zu gehen und bemühen sich, jeden zu verstehen und im Zuge dessen auch jedes Fehlverhalten zu entschuldigen.

Die Kontaktfreudigkeit gehört trotz ihres gelegentlichen Bedürfnisses nach Rückzug zu den herausragenden Eigenschaften eines Menschen mit dem Sternzeichen Fische. Fische lieben Gesellschaft und schließen Freundschaften mit diversen Charakteren. Sie werden als gute Zuhörer und Gesprächspartner geschätzt und haben für alles und jeden Verständnis. Fische dienen anderen Menschen gerne als seelische und moralische Stütze, Führungspersönlichkeiten sind sie jedoch mit Sicherheit nicht. Fische gehören zu den Wasserzeichen und sind daher auch sehr emotional und tiefgründig. Ihr gesamtes Denken und Handeln ist von diesen Eigenschaften unverkennbar geprägt. Fische stehen unter dem Einfluss des Planeten Neptun und sind dadurch sehr intuitiv und verfügen über ein besonderes künstlerisches Talent. Der Fisch ist in vielen Kulturen ein religiöses Symbol, das außerdem für den ununterbrochenen Lebenszyklus, die Evolution und die Entwicklung von Wirbeltieren und Menschen steht. So haben Fische-Geborene nicht ohne Grund ein tiefes intuitives Verständnis für den Lebenszyklus und dadurch auch starke emotionale Verbindungen zu anderen Lebewesen. Menschen mit dem Sternzeichen Fische sollten immer auf ihr Immunsystem und auf ihre Füße achten, denn das sind ihre körperlichen Schwachstellen. Leider sind Fische sehr leichtgläubige Menschen, die es bisweilen regelrecht herausfordern, von anderen enttäuscht und ausgenutzt zu werden. Die Probleme von ihnen nahe stehenden Menschen lassen sie sich immer sehr zu Herzen gehen, was natürlich für sie auch sehr belastend sein kann. Beeinflusst durch den Uranus nimmt der Fisch manchmal auch die

Rolle eines Märtyrers ein, um so die Aufmerksamkeit seiner Mitmenschen zu erlangen. Damit Fische sich in ihrem Leben wohlfühlen und sich nicht permanent selbst überfordern, müssen sie unbedingt lernen, sich und anderen gesunde Grenzen zu setzen!

„Das Größte, was du je lernen wirst, ist, einfach zu lieben und dafür geliebt zu werden.“

Moulin Rouge

„Als typischer Fisch habe ich vielleicht
Stimmungsschwankungen durchgemacht, aber
ich erinnere mich nicht an eine Depression,
an die Notwendigkeit, etwas zu tun oder
jemanden zu haben, der mich aus der
Depression herausholt.“

Julius Erving

Es ist nicht

„Fische können leicht verletzt werden , weil es
für sie keine emotionalen Grenzen gibt. Sie
spüren praktisch alles."

Unbekannt

Es ist nichts

„Ich denke, dass ich mit ziemlich bodenständigen, atheistischen Eltern aufgewachsen bin, aber ich wurde als Fisch geboren.“

Melissa Auf Der Maur

„Ich bin ein Fisch, und Fische haben diese seltsame Unfähigkeit, völlig spontan zu sein. Wir sind uns unserer Handlungen zu bewusst. Ich war schon immer viel zu vernünftig für mein eigenes Wohl."

Billy Corgan

Zeitfracht Medien GmbH
Ferdinand-Jühlke-Straße 7
99095 Erfurt, Deutschland
produktsicherheit@kolibri360.de